AJEDREZ INFANTIL

D1500880

AJEDREZ INFANTIL

OBRA PUBLICADA
INICIALMENTE CON EL TITULO
Ajedrez para niños

HARVEY KIDDER

SELECTOR

AJEDREZ INFANTIL

D.R. © 1989, Selector, S.A. de C.V.
DOCTOR ERAZO 120, COLONIA DOCTORES
MÉXICO, D.F. 06720 TEL. 588 72 72 FAX: 761 57 16

Portada: Sergio Osorio

ŞBN: 968–403–315–X

Vigésima sexta reimpresión. Agosto de 2003

A mi hijo David —

"Una persona educada liberalmente es aquella cuya mente funciona bien en todas las áreas"... Ciertamente que el ajedrez debe ser parte de su educación.

Indice

TERCERA PARTE:

PRIMERA PARTE

¿QUE ES EL AJEDREZ?

¿Has visto alguna vez un tablero de ajedrez? ¿Te nas preguntado cómo es ese juego?

Bien, *de eso trata este libro* —del Ajedrez— el juego más antiguo y de mayor habilidad que se haya inventado.

¡Imagínate a ti mismo como *general, con un ejército a tus órdenes!*

¿Y el objeto del juego? *¡Capturar al Rey enemigo!*

Frente a ti hay otro ejército y otro general ¡y ganará el mejor! ¿Excitante?

El ejército del ajedrez es muy parecido a nuestros ejércitos modernos. Está formado de muchos tipos de soldados y de personas. No todos los soldados en el ajedrez o en la vida real son militares profesionales. En realidad, la mayoría de ellos son aficionados, civiles, como lo veremos después.

Como en la vida real todas las personas son distintas, las piezas no son iguales en el tablero de ajedrez, ni tampoco todas ellas se mueven en la misma forma. Sin embargo, una vez que nos imaginemos que son *personas reales, siempre recordaremos la forma en que se mueven.*

DARIO, EL FAMOSO REY DE PERSIA

El juego del ajedrez se jugó por primera vez hace muchos siglos, en China, India y Persia. En realidad, el nombre *ajedrez* viene de la palabra persa *shah*, que significa "rey".

Después, cuando las hordas árabes (se les llama Moros) invadieron Persia, aprendieron de los persas el juego del ajedrez, y llevaron ese conocimiento cuando invadieron España.

Desde España, el juego del ajedrez se extendió rápidamente por toda Europa.

Eso sucedió hace unos novecientos años.

Los europeos dieron a las piezas del ajedrez los nombres
con los que las conocemos hoy, los cuales son: **Torre,
Caballo, Alfil, Rey, Dama** y **Peón.**

Es probable que hayan tenido dificultad para pronunciar los nombres persas de las piezas, de manera que modernizaron los nombres para adaptarlos a la forma en que vivían.

En la actualidad no suenan como nombres muy modernos, pero imaginémonos por un momento que estamos viviendo hace seiscientos años.

Desde una de las ventanas de nuestro castillo podríamos muy bien observar a los siervos o *Peones* trabajando en los campos, quizá un caballero se aproxima a *Caballo* con su reluciente armadura, o un *Alfil* vigila desde una *Torre*, y de vez en cuando pueden aparecer en alguna parte de la escena el *Rey* y su *Dama*.

No hay duda que en aquellos días esos nombres parecían tan modernos como en la actualidad lo es el hecho de hablar acerca de la tienda de la esquina o del policía local.

Las seis distintas piezas del ajedrez representan la forma en que se vivía en la Edad Media. La forma en que se ven *en sus lugares de colocación* en el tablero, *la forma en que se mueven,* incluso sus nombres, como las piezas de un rompecabezas, todo se relaciona con el cuadro antes descrito sobre la vida medieval con su pompa, su elegancia y sus conflictos.

Y si bien esto es en sí muy interesante, también es muy útil para aprender los movimientos.

Ahora hablemos acerca de las piezas, y a quién y qué representan.

Empezaremos primero con los **Peones.** Son los siervos, los jornaleros, los pobres. Y, como en cualquier sociedad, hay más de ellos que de cualesquiera otros.

Hay ocho peones.

Son los soldados de infantería. Con frecuencia deben sacrificarse para proteger a las piezas más valiosas.

También pueden hacer presión en el ataque, infligir pérdidas aplastantes, ¡e incluso pueden finalizar el combate capturando al rey!

Un Peón también puede ser ascendido en el campo de batalla (durante una partida), en forma muy parecida a como se hace con un soldado de los tiempos modernos.

La **Torre** es la fortaleza, el refugio, el hogar. Se identifica con facilidad porque se ve exactamente como una torre.

Hay dos Torres.

El **Caballo** representa al único soldado profesional. (Recuérdese que dijimos que el ejército del ajedrez era de civiles.) A propósito, en inglés se designa como "free-lance" (lanza libre) a todo trabajador independiente, y esa palabra viene de aquella época. Designa a un caballero que ponía su lanza (es decir, que combatía) por cualquiera que le pagara.

En la época medieval la gente no viajaba mucho. Un individuo podía pasarse toda su vida sin alejarse más allá de treinta kilómetros de su lugar de nacimiento.

Sin embargo, los caballeros (representados en el ajedrez por los Caballos) eran hombres de otra especie. Buscaban las aventuras y con frecuencia viajaban miles de kilómetros durante las cruzadas. Hay dos Caballos.

Este es el dignatario episcopal (del griego *epi*, sobre y *kopos*, observar); la iglesia representada por el vigilante **Alfil**.

En aquellos días la iglesia formaba una parte importante en la vida de todos. Cuando aprendamos a mover las piezas veremos lo bien que trabajan juntos los Alfiles y las Torres.

El hogar y la Iglesia. ¡Una gran combinación! Esto es tan cierto en la vida real como en el juego del ajedrez.

La parte superior de la pieza se parece al sombrero usado por los dignatarios episcopales y que se llama mitra. Hay dos Alfiles.

Sigue la **Dama.** Evidentemente toda una señora. Y más tarde veremos que sus movimientos combinan los del hogar (la Torre) y los de la iglesia (el Alfil). Mujer, hogar e iglesia. ¡La combinación más poderosa en el tablero!

Quizá en algún lado hayas escuchado la frase "el poder detrás del trono". En ninguna parte es eso más cierto que en el juego del ajedrez.

No hay sino una Dama.

Y aquí está el **Rey** —la realeza— la autoridad indiscutible y, lógicamente, la pieza más alta en el tablero.

El rey está bien defendido por sus súbditos, ¡ya que su captura significa la pérdida de su reino!

Esto también es el ajedrez, ¡si no se protege al rey se pierde el juego!

Es obvio que sea la pieza *más importante* (pero no la más poderosa) del tablero.

Como es natural, sólo hay un Rey.

Ahora, cuando vemos en conjunto a las piezas del ajedrez, podemos imaginárnoslas no como pequeñas escul-
turas sin sentido sobre un tablero, sino como una repre-
sentación completa de la forma en que la gente vivía
hace seiscientos años, desde los más poderosos hasta los
más pobres.

SEGUNDA PARTE

COMO SE MUEVEN LAS PIEZAS DEL AJEDREZ

Hablemos primero del tablero del ajedrez, el campo de batalla. Se ve así, con treinta y dos cuadros oscuros y treinta y dos cuadros claros.

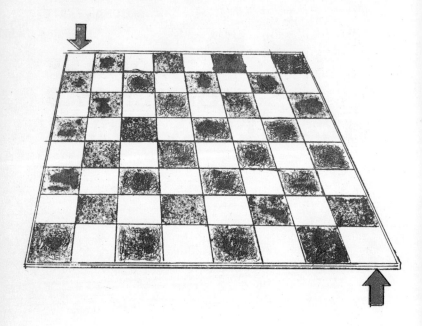

El tablero no se coloca de cualquier manera, sino siempre con un cuadrado claro en el ángulo inferior de la derecha (según se da el frente al tablero).

Las piezas del ajedrez se mueven en cierto número de maneras.

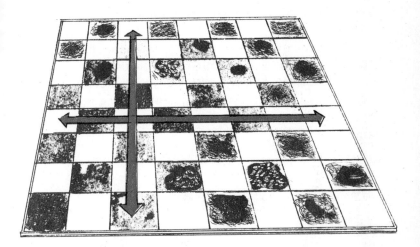

Una de ellas es *hacia arriba y hacia abajo;* de un cuadro oscuro a un cuadro claro, de un cuadro claro a un cuadro oscuro, etcétera; hacia el extremo contrario del tablero y de regreso.

O de un lado a otro: de oscuro a claro, de claro a oscuro etcétera.

Esto se llama movimiento **a escuadra.**

Pero todavía hay otra forma de moverlas, y esta es *de esquina a esquina*.

A esto se le llama movimiento **en diagonal**.

En el movimiento en diagonal se cruza la esquina de un cuadro y se mueve a la esquina del cuadro que sigue. Este movimiento es por cuadros del mismo color, sean claros u oscuros. En este movimiento nunca se puede mover atravesando tanto los cuadros claros como los oscuros.

Más tarde veremos la forma en que las distintas piezas usan la escuadra y la diagonal para hacer sus movimientos.

Ahora nos imaginaremos que el tablero del ajedrez es un gran campo de batalla y que las piezas representan a dos ejércitos de igual fuerza que se enfrentan uno al otro.

Esta es la forma en la cual se colocan las piezas al principio del juego.

Ahora las colocaremos, pieza por pieza.

En la parte de atrás del tablero (o del campo de batalla si se prefiere) se colocan las piezas más poderosas. Las que parecen fortalezas, llamadas Torres, se colocan en las esquinas, así:

Junto a ellas se colocan las que parecen Caballos. Son las que representan a la caballería, y se colocan así:

Ahora la iglesia, representada por los Alfiles, se colocan así:

(En los tiempos medievales, la iglesia seguía en importancia a los gobernantes (la realeza), y también en el ajedrez la posición de los alfiles es obvia, junto al Rey y su Dama.)

Ahora quedan dos cuadros vacíos en el centro del tablero. Son para el Rey y la Reina (la Dama). ¿Pero en qué lugar van? Aquí tendremos que recordar una pequeña frase: "La Dama en su color". La Dama Negra se coloca en el cuadro negro.

De esta manera:

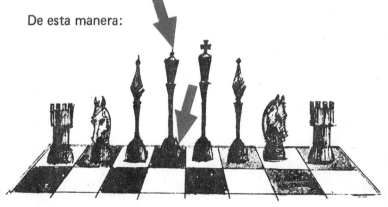

Ahora ya hemos colocado a las piezas más importantes y poderosas.

Frente a cada una de ellas se coloca un Peón.

Son los soldados de infantería, ¿recuerdan? De manera que es completamente natural que vayan al frente.

El otro lado (Blanco) se coloca exactamente igual. Nuevamente con "La Dama en su color". La Dama Blanca se coloca en el cuadrado blanco.

Las piezas blancas siempre hacen el primer movimiento. Las negras se defienden.

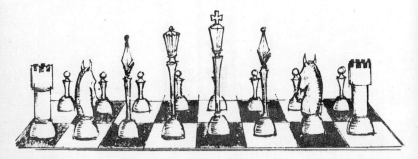

Ahora saquemos las piezas del ajedrez, colocándolas como ya sabemos, ¡así podremos mover en realidad las piezas!

Después de todo, no importa que hayamos leído mucho sobre natación, ¡tenemos que mojarnos para aprender!

El peón

1   2   3   4

Observemos con atención la ilustración de la página anterior, ya que explica la forma en que se mueven los Peones y también la forma en que atacan. (La forma en que se mueven es distinta a la forma en que atacan.)

1. El Peón *se mueve un cuadro cada vez,* en línea recta hacia adelante.

2. Los Peones *nunca pueden retroceder.* Y cuando se encuentran dos Peones enemigos en la misma hilera (o fila) tampoco pueden moverse.

3. *Solamente* en el primer movimiento, cada Peón puede avanzar dos cuadros (si el jugador así lo desea). Después de eso, el Peón sólo se mueve un cuadro cada vez.

4. Los Peones toman o capturan *sólo* hacia el *cuadro delantero diagonal, sea a la derecha o a la izquierda.* Luego, después de haber eliminado a la pieza enemiga y de haber ocupado su lugar, el Peón *continúa moviéndose en línea recta hacia adelante en la nueva fila. (Al moverse en diagonal para capturar,* el Peón se mueve por la esquina superior de su cuadrado y hacia el cuadrado del mismo color del que ha abandonado.)

Veamos cómo son los Peones del ajedrez en la vida real. Nos imaginaremos que los Peones son como alabarderos. Los alabarderos eran soldados de infantería que portaban largas lanzas o alabardas.

Imaginémonos que tienen sus escudos directamente frente a ellos para protegerse y que mantienen sus lanzas *apuntando hacia cualquier lado*. A causa de su escudo, no pueden atacar al enemigo que tienen adelante. Sólo pueden atacar en la diagonal.

Anotemos otra vez algunas cosas importantes que tenemos que recordar acerca de los Peones.

El Peón se mueve un cuadro cada vez directo hacia adelante. Sin embargo, su ataque es distinto a la forma en que se mueve. Ataca hacia el cuadro *diagonal delantero* (hacia la derecha o hacia la izquierda) y después de sacar a su enemigo del tablero continúa moviéndose hacia adelante, sobre la misma hilera que ocupaba su enemigo.

El Peón no parece ser muy poderoso, pero puede llegar a ser muy importante en los finales de la partida. Si puede avanzar hasta el extremo opuesto del tablero, es ascendido, se puede convertir en cualquier otra pieza,

¡incluso una Dama! Por supuesto, nunca puede llegar a ser Rey. Ninguna otra pieza del ajedrez puede ser ascendida a un rango superior. Debido a que pueden llegar a ser poderosos, los Peones deben ser protegidos por otros Peones o por piezas más fuertes.

Existe también otra regla con relación a los Peones. En su *primer movimiento* (y *solamente* en el primer movimiento), cada Peón puede elegir entre avanzar uno o dos cuadros. Después de ese primer movimiento sólo se puede mover un cuadro en cada vez.

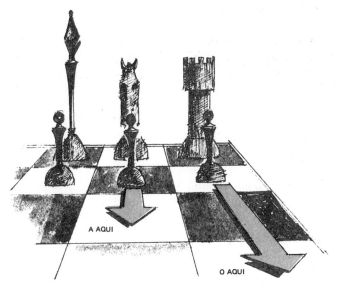

A AQUI

O AQUI

Este extraño primer movimiento sin duda refleja la situación de la vida real, cuando los alabarderos se sienten un poco más confiados teniendo a su ejército tan cerca detrás de ellos. Después se vuelven más cautelosos, y sólo dan un paso a la vez.

Al combatir codo con codo, agrupados, los alabarderos crearon una táctica para combatir a la caballería enemiga. Encajaban la base de sus lanzas en el terreno y se ocultaban detrás de sus escudos, formando una especie de alfiletero humano.

¿Se puede imaginar lo que sucedería si el caballero lanzara a su Caballo al ataque?

En la misma forma, nuestros Peones del ajedrez, cuando se colocan acertadamente en una partida, forman un muro protector parecido a la ilustración de arriba.

Aquí tenemos un ejemplo de la forma en que los Peones se protegen unos a otros. Los llamaremos 1, 2, 3 y 4, y los colocaremos en el tablero como se muestra en la ilustración. Recuérdese que los Peones capturan en *diagonal* (se mueven diagonalmente a un cuadro del mismo color).

En nuestra formación de batalla del ajedrez, si el Peón número 3 es atacado, cualquiera de los Peones 2 o 4 pueden destruir al atacante y ocupar la posición que originalmente tenía el 3. En una pelea entre Peones podría haber un intercambio más o menos parejo (Peón por Peón), pero los Peones pueden inutilizar a cualquier otra pieza, ¡e incluso capturar al mismo Rey!

Los términos **ataque, destruir, capturar,** todos significan apoderarse de una pieza enemiga. La palabra **salto** es un término del juego de Damas. No se usa en el ajedrez.

Al atacar, no se salta sobre una pieza enemiga. Sólo se mueve a la casilla que ocupa y se le saca del tablero. Tu pieza quedará exactamente en donde estuvo la pieza enemiga.

La torre

Aquí vemos exactamente la forma en que la Torre *se mueve y ataca.* (Su *ataque* no es distinto de su movimiento, como sucede con el Peón.)

La Torre se mueve *hacia arriba y hacia abajo* o *de un lado a otro*, tantos cuadros como desee. Puede hacer dos cosas que el Peón no puede hacer. Puede moverse hacia atrás y hacia los lados, pero no puede moverse en *diagonal.*

Al jugar ajedrez escucharás las palabras "columna" y "fila". Ambos son términos militares y se usan para explicar los movimientos del ajedrez.

43

La **Columna** se refiere a una línea desplegada de soldados, lado a lado, como la de los Peones al principio de la partida.

La **Fila** se podría considerar como una hilera de soldados yendo y viniendo.

ESTO SE LLAMA COLUMNA

ESTO SE LLAMA FILA

La Torre puede irrumpir por cualquier columna o fila abierta.

En la ilustración de abajo, la Torre puede atacar a cualquiera de los tres Peones. Sin embargo, uno de estos intentos representaría un movimiento sumamente peligroso.

¿Puedes saber cuál es, y por qué?

Tú eres el jugador Blanco

¿Cómo moverías la Torre?

La respuesta está en la página que sigue.

Respuesta: La Torre podría atacar al Peón número 1 o al Peón número 4 y capturarlos sin ningún peligro para ella, pero si atacara al Peón número 2, ¡resultaría capturada por el Peón número 3!

Observa la forma en la que el Peón número 3 defiende al Peón número 2.

A la Torre se le da en otros idiomas el nombre de "Castillo". En realidad, muchos jugadores de ajedrez le dan ese nombre. Pero para ayudarte a recordar la forma en que se mueve, le seguiremos dando el nombre de Torre.

Es fácil pensar que una Torre fue construida con grandes bloques de piedra cuadrada, con su piedra angular, etcétera. Y con bastante lógica, las Torres del ajedrez están colocadas en las esquinas del tablero.

Nuevamente, la misma Torre, con sus enormes bloques de piedra, recuerda al carpintero y al albañil. Su herramienta, por supuesto, es la escuadra, y esta es exactamente la forma en que esta pieza se mueve, *a escuadra*.

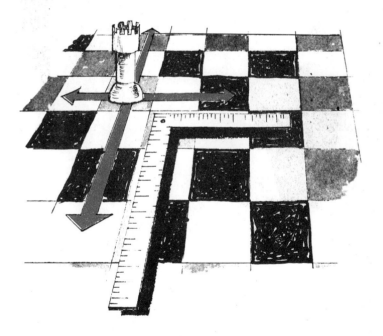

La Torre puede atacar a cualquier pieza enemiga que se encuentre directamente sobre su fila o columna.

El caballo

Aquí mostramos el movimiento del Caballo. Observa que es un movimiento en forma de "L": dos pasos *en columna* (hacia adelante o hacia atrás) y *luego un cuadro en la fila.* (Hacia cualquier lado.)

El Caballo puede moverse en cualquier dirección, como puede verse, desde esta posición ¡tiene ocho movimientos posibles!

El Caballo puede atacar a cualquier pieza enemiga que encuentre al final de su movimiento.

Su movimiento es sorpresivo —un salto y pivoteando en forma de "L"— pero puede recordarse con facilidad si pensamos en un caballero de verdad atacando sobre su caballo de guerra. Podemos pensar que el caballo se mueve atacando de un salto.

Imaginemos que el ataque del caballo no puede ser detenido por ninguno que se encuentre junto a él. ¿Se podría detener a un caballero armado jinete sobre un caballo brioso y entrenado?

El Caballo es la *única* pieza de ajedrez que puede saltar sobre otra pieza, amiga o enemiga.

Como sabemos, el caballo era la última palabra en lo que se refiere a máquinas de guerra. Ningún soldado de infantería podía soportar sus embestidas y hasta que los británicos introdujeron un gran arco, el caballo era invencible.

Allá por el siglo XI isólo setenta caballeros fueron capaces de conquistar todo el civilizado reino de Sicilia!

El Caballo no puede caer en un cuadro del mismo color que el cuadro desde donde saltó.

En la siguiente ilustración se pueden ver muchos de los posibles ataques que un caballo puede hacer.

¿Sabes cuál es el ataque que sería fatal para él?

Respuesta: El Caballo puede atacar al Peón número 1 o al Peón número 2 sin ningún peligro.

Si ataca al Peón número 4 o a la Torre número 5, sería capturado en la siguiente jugada.

¿Cuál sería su mejor movimiento?

Respuesta: El mejor movimiento (o la mejor jugada) es atacar a la Torre número 3. ¿Por qué?

En ajedrez siempre se trata de capturar primero a las piezas más poderosas. Y la Torre es una pieza mucho más importante que un Peón.

53

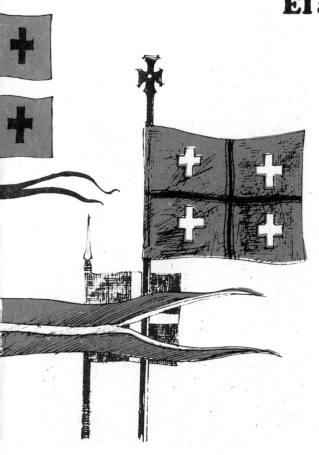

El alfil

El Alfil se mueve *por los cuadros diagonales,* hacia adelante o hacia atrás, tantos cuadros a la vez como lo desee.

Puede atacar a una pieza enemiga que se encuentre directamente en su camino en su movimiento diagonal.

Aquí tenemos una ilustración que muestra a los dos Alfiles al principio de una partida.

Uno de los Alfiles permanece siempre sobre los cuadros oscuros, el otro siempre sobre los cuadros claros, durante toda la partida.

El Alfil de la izquierda tiene la elección de cualquier movimiento en diagonal ya que ninguna pieza le estorba el camino. Pero el Alfil de la derecha no tiene ambas diagonales abiertas ante él. Una de las diagonales está siendo bloqueada por uno de sus propios Peones. Debe moverse al Peón para que el Alfil tenga acceso a la diagonal.

A excepción del Caballo, ninguna de las piezas que se encuentran atrás de los Peones pueden moverse, sino hasta que los Peones se hayan movido.

Aquí tenemos una ilustración que ayudará a comprender los movimientos del Alfil.

En esta situación, el Alfil tiene cuatro posibles movimientos (ataques).

¿Puedes ver cuáles son? ¿Ves cuál de los ataques no sería prudente?

Respuesta: El Alfil puede atacar a la Torre número 1 o al Caballo número 3, sin ningún peligro. Pero si atacara al Peón número 2, se perdería ante el caballo, y si atacara a la Torre número 4, se perdería ante el Peón número 5.

La dama

En los movimientos de la Dama (también se le llama Reina) podemos ver su inmenso poder. ¡Sus movimientos combinan la fuerza de la Torre con la fuerza del Alfil!

En la ilustración podemos ver que puede moverse hacia ocho posibles direcciones, ¡y capturar!

Se puede mover *hacia adelante y hacia atrás, de lado a lado* y *diagonalmente* tantas casillas desocupadas como desee.

Puede capturar a cualquier pieza enemiga que se encuentre en esas avenidas de su ataque.

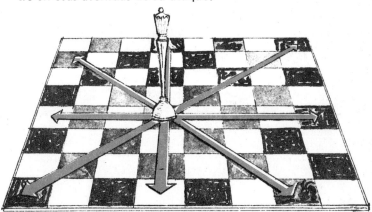

Aquí vemos a la Dama entre sus enemigos.

¿Cuántas piezas crees que podría atacar? Cuéntalas.

¿Cuál de estos ataques podría dar como resultado la captura de la Dama?

Respuesta: La Dama puede atacar a cualquiera de las siguientes piezas Negras (cinco en total) sin peligro de ser capturada:

A cualquiera de los Alfiles Negros, números 5 y 6.
A cualquiera de los Caballos Negros, números 8 y 4.

O a la Torre Negra número 3.

Si atacara a la Torre número 2, sería a su vez capturada por el Alfil número 6.

Si atacara al Peón número 1, sería capturada por el Caballo número 8.

Si atacara al Peón 7, sería capturada por la Torre número 3.

Como se puede ver, no es prudente atacar a una pieza que ya está defendida. ¡Siempre se debe atacar a las piezas no defendidas!

El rey

Y al final, el gobernante, la razón del ajedrez, ¡el Rey!

Su palabra era ley y sus súbditos, vida y lealtad. Como es natural, se mostraban ansiosos de que sobreviviera en cualquier batalla contra un enemigo.

Igual es en el ajedrez. Cada una de las piezas se mueve en un esfuerzo por proteger a su señor y capturar a sus enemigos.

Observa que el Rey se mueve y ataca exactamente en la misma forma que la Dama, pero con real lentitud, *sólo un cuadro a la vez.*

En la página siguiente lo vemos entre sus enemigos.

Cuando amenazan al Rey con capturarlo, se usa una palabra que sólo se emplea para el Rey.

Esta palabra es **jaque.** Es una voz de alarma, y se debe decir "jaque" siempre que se amenace al Rey enemigo.

Cuando el Rey queda atrapado e incapaz de salvarse, decimos **Jaque-mate** o **Jaque y mate.**

Aquí tenemos al Rey Blanco en "jaque". Esto es, será capturado en la jugada siguiente a menos que pueda evitarlo.

¿Puedes ver a la pieza que lo amenaza y qué es lo que puedes hacer para evitarlo?

El Caballo Negro es el que lo amenaza.

El Rey Blanco sólo tiene una jugada posible. ¿La ves?

Marca el cuadro (ligeramente, con un lápiz) en donde creas que podría refugiarse. La respuesta está en la siguiente página.

Un Rey puede librarse del jaque de tres maneras distintas. Se mueve fuera del alcance de la pieza que lo tiene en jaque, captura a la pieza que le daría jaque o coloca a uno de sus hombres entre él y el atacante.

71

Respuesta: El único movimiento posible para el Rey está indicado por la flecha.

Naturalmente, en esta situación la captura del Rey está próxima. Cuando finalmente se le dé "jaque y mate", o se rinda (o mejor dicho, el jugador se rinde) en la forma en que se indica, la partida concluye.

Se coloca al Rey tendido sobre el tablero y todo terminó.

La palabra jaque mate viene del persa *shah mat,* que significa "el Rey ha muerto".

Después, cuando tratemos de jugar una partida, hablaremos más acerca de los jaques al Rey.

El enroque

Ahora vamos a hablar de una jugada especial que comprende al Rey. Su propósito es mover al Rey para evitar su posible captura.

Esta jugada se llama **enroque** y se hace (una sola vez durante una partida por cada jugador) con el Rey y con cualesquiera de sus Torres.

El Rey y la Torre se mueven al mismo tiempo, como una sola jugada.

El enroque es sencillo: se mueve al Rey dos casillas hacia un lado, y luego se mueve la Torre *alrededor del Rey.* Esto puede hacerse de cualquier lado del Rey con cualquier Torre.

ESTA MITAD DEL TABLERO SE LLAMA LADO DE LA DAMA

La ilustración muestra cómo se ejecuta el enroque del lado de la Dama. Solamente en el enroque se mueven dos piezas al mismo tiempo.

77

Este es el *enroque* del lado del Rey.

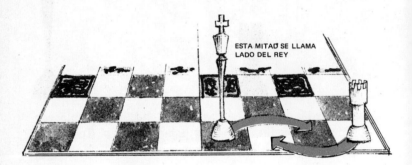

ESTA MITAD SE LLAMA
LADO DEL REY

Se puede hacer el enroque *sólo* bajo estas condiciones:

1. Todas las casillas entre la Torre y el Rey deben estar abiertas (desocupadas).

2. Sólo *si* el *Rey* y la Torre no han sido movidos (desde el principio de la partida).

3. El Rey no se puede enrocar si está ''en jaque'', o si tiene que moverse por una casilla amenazada por una pieza enemiga.

Solamente se le permite al Rey esta maniobra del enroque *una vez* durante la partida.

Hasta aquí con los movimientos básicos del Ajedrez.

Ahora separaremos a los hombres de los muchachos.

TERCERA PARTE

COMO JUGAR

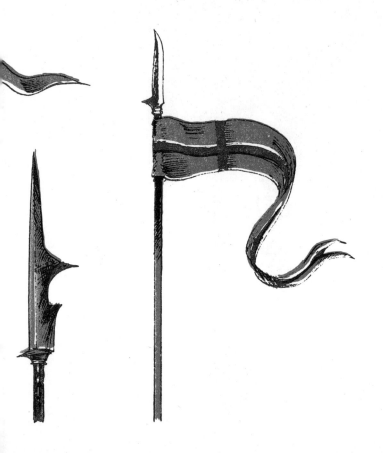

El juego rápido
(la guerra relámpago)

Ahora que estamos familiarizados con las piezas y con la forma en que se mueven, *¡principiemos la verdadera partida!* Tú representarás al ejército Blanco.

Vamos a tener una poca de ayuda en esta primera partida, ya que debemos estar seguros de que se ha comprendido lo que sucede.

Llamaremos a esta primera partida la **guerra relámpago**. Viene del alemán Blitzkrieg *(blitz* que significa relámpago, y *krieg,* que significa guerra). Fue una frase muy bien conocida durante la Segunda Guerra Mundial.

Literalmente, ''la guerra relámpago'' fue la táctica de atacar al enemigo en su punto más débil con todo el poderío posible, inutilizando a sus ejércitos en muy poco tiempo.

En el juego del ajedrez, las Blancas siempre se mueven primero, pero antes de iniciar la partida, conviene estudiar al enemigo durante un momento.

En cualquier defensa siempre hay un punto débil. El ajedrez no es una excepción a esto.

Y este Peón representa el *único* punto débil en la defensa de las Negras. ¿Por qué?

Estudia las piezas por un momento y verás que ese Peón en particular está defendido *iúnicamente por el mismo Rey!* (Si el Peón fuera capturado, sólo *el Rey en persona* podría eliminar al atacante.)

También las Blancas tienen este punto débil en su defensa, *pero debido a que las blancas tienen el primer movimiento* (y por consecuencia, la "iniciativa") *el ejército Blanco no tiene por qué preocuparse.*

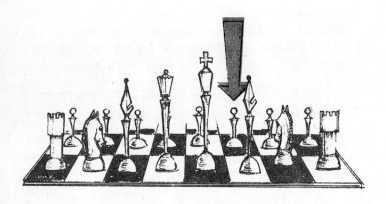

Ahora principiaremos la partida. Recuerda que vamos tras el Rey Negro.

Principiaremos saliendo con un Peón (dos cuadrados si se desea) hacia el centro del tablero, en esta forma.

Ahora el Peón ha entrado en batalla. ¿Y esto qué te permite hacer en tu *siguiente* jugada?

El movimiento del Peón abre dos avenidas diagonales. Observa que tanto el Alfil como la Dama se pueden mover a cualquiera de los cuadros marcados por las líneas de rayas.

¡Ahora tienes la oportunidad de elegir: mover cualquiera de dos piezas potencialmente peligrosas!

El primer movimiento de las Negras bloquea al Peón con uno de los suyos; una contrajugada lógica y típica.

Ahora tú sales con el Alfil. ¿Puedes ver cómo ahora el Alfil amenaza a *un Peón débil?*

Nuevamente las Negras responden moviendo a su Alfil exactamente en la misma forma que al Alfil blanco. Todo parece bastante parejo, ¿no?

Pero ahora, en tu turno de jugar sacas a la Dama, añadiendo más presión sobre *ese Peón débil.*

De pronto entramos a la fase crítica de la batalla. Igual que en la mayoría de las batallas, hay un punto en donde cambia la suerte y es inminente el desastre. En ocasiones se debe a no contar con suficientes tropas de refuerzo en el momento en que se necesitan, o sólo por no reconocer la fuerza del enemigo o por una veintena de razones.

Pero en esta partida, el enemigo sencillamente no se da cuenta del peligro que representa la Dama, y sale con su caballo, así:

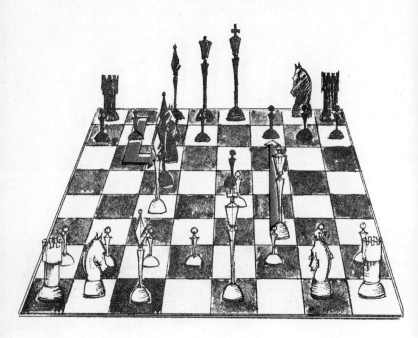

¡Y ahora tú atacas con la Dama!

Se captura al Peón negro y se amenaza al Rey (se le da jaque) con la Dama. El Rey está indefenso. No tiene a dónde moverse para escapar de la Dama y no puede capturar a la Dama porque está "defendida" por el Alfil. El Rey no puede moverse a una posición en donde no se le dé jaque.

"¡Jaque y mate!" ¡La Guerra Relámpago en sólo cuatro movimientos!

¿No fue ésta una victoria "relampagueante? Intenta esto con un amigo, pero cuídate, ¡acaso él también conozca los movimientos de la Guerra Relámpago!

Cómo
iniciar el juego

Gran parte de los conocimientos del principiante son adquiridos a base de fracasos, pierde, pierde y pierde una y otra vez.

Unas cuantas reglas básicas ayudarán a principiar la partida correctamente.

1. Trata de controlar las *cuatro casillas centrales* del tablero. En ellas está la acción, pues representan el cruce de los caminos del tablero.

2. Un buen movimiento inicial, por lo tanto, sería mover el Peón que está frente al Rey (Peón del Rey) dos cuadros.

Este no sólo ocupa una de esas *cuatro casillas centrales,* sino que también abre los movimientos diagonales tanto para la Dama como para el Alfil.

El mover el Peón de frente a la Dama (Peón de la Dama) también es un movimiento inicial aceptable.

3. Sacar el Caballo también es bueno, siempre que su siguiente movimiento controle una de esas *cuatro casillas centrales.*

4. Trata de proteger (defender) a cada Peón tan pronto como sea posible (ver Página 38).

Y para el caso, defiende a todas las piezas que muevas.

Esta manera de jugar forma una fuerte defensa. Sabes que ninguna de tus piezas puede ser capturada sin que el enemigo sufra una pérdida igual.

Un mal movimiento de apertura sería mover el Peón que está frente a los Caballos o las Torres. Esta clase de jugada no controla o amenaza al centro del tablero. Tampoco abre rutas de ataque para las Torres.

5. No continúes moviendo *la misma pieza,* a menos que la estén atacando.

Si tu pieza ocupa o amenaza a cualquiera de esas cuatro casillas centrales y no está en peligro, entonces mueve otras piezas para ocupar más casillas centrales.

Esto siempre es una buena táctica. Cuando haya duda sobre qué hacer, reúne más fuerzas: Peones, Alfiles, Caballos, en un movimiento lento hacia las piezas y hacia el Rey enemigo.

Ataque
y defensa

¿CUAL SERA SU VICTIMA?

Una vez que la partida está en camino y ya se tiene el
control de las cuatro casillas centrales, esperamos que
las jugadas siguientes sean para debilitar la defensa de
los enemigos del Rey.

Una de las formas de hacerlo es abrir un claro en su
línea defensiva a través de la cual se pueda atacar al
Rey, como en la partida de la guerra relámpago. Otra
forma es capturar a todas las piezas fuertes posibles del
enemigo —Dama, Torre, Alfil o Caballo— dejando así
indefenso al Rey. Si podemos capturar a su Torre, por
ejemplo, sin por ello perder una de las nuestras, ya

habremos obtenido más fuerza debilitando la capacidad del contrario para atacarlo y defenderse.

Como un buen general, observamos todo el tablero buscando a las piezas enemigas que no estén protegidas —y que se puedan atacar— mientras al mismo tiempo podemos cerciorarnos de que nuestras piezas están seguras.

En ocasiones, para obtener una ventaja en fuerza, tenemos que ceder a alguna de nuestras piezas. Pero al hacer eso, le tenemos al enemigo una sorpresa reservada. El ajedrez es un juego de sorpresas, y la idea es sorprender al enemigo, no que éste nos sorprenda a nosotros.

En la página anterior se ve a un caballo cargando contra dos lanceros y abajo tenemos la misma situación representada en el tablero. Supongamos que son nuestros hombres los que están siendo atacados. ¿Qué se podría hacer? ¡Cuidémonos de sorpresas!

Debido a que puede ser protegido, digamos que se decide defender al Peón número 2 subiendo al Peón número 3. Ahora parecería poco probable que el Caballo Negro atacara al Peón número 2, ¿correcto? Bien, veamos.

Una vez que uno de los Peones ha quedado defendido, la víctima lógica es el otro Peón. Pero supongamos que el Caballo Negro decida suspender su ataque, y que en vez de ello coloca otra pieza (una Torre) en la fila, directamente detrás de él. Así:

Ahora, cuando se mueve una pieza a un cuadro determinado, se deben revisar rápidamente todas las direcciones a las que se puede mover la pieza en la siguiente jugada.

¿Por qué se supone que la Torre Negra se detuvo detrás de su propio Caballo cuando obviamente está siendo bloqueada por el Caballo? Sin embargo, ¡supongamos que se mueve el Caballo! ¿Qué pieza resulta amenazada?

Siempre se debe observar todo el tablero y, por lo tanto, al seguir el posible ataque de la Torre ¡se da uno cuenta que en la misma fila se encuentra nuestra Dama!

Pero todavía eso no parece representar ningún peligro especial, de manera que se saca a otro Peón para proteger al Peón número 1.

Luego el Caballo Negro se mueve y captura al Peón número 2. Parece una jugada tonta al principio, ya que nuestra Dama puede atacar con facilidad y capturar a la Torre Negra. Pero, ¿puede hacerlo?

Al mismo tiempo que el Caballo captura al Peón ¡también da jaque (amenaza) al Rey! (Recuerda que debes vigilar todo el tablero, todo el campo de batalla.)

Ahora tenemos que hacer algo ¡y rápido! O bien se mueve el Rey para quedar fuera del peligro (el jaque) o se elimina al atacante.

Si se estudia por un momento esta situación se podría decir: "Bueno, ¿y qué que el Rey esté en jaque? ¿No defendimos a ese Peón precisamente?" Entonces, sólo capturamos al Caballo Negro con nuestro Peón. ¡Qué victoria tan fácil! Se pierde un Peón pero se captura un Caballo.

¡Pero ahora viene la sorpresa! La Torre Negra recorre todo el tablero y captura a nuestra Dama. ¡Una gran pérdida!

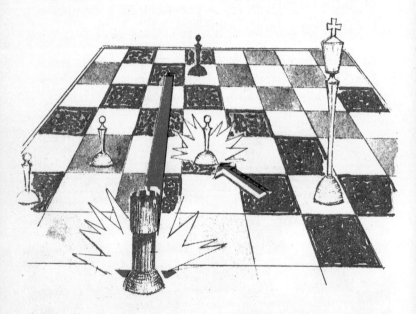

Uno debe darse cuenta que en el ajedrez (o en la guerra) no sólo se trata de una fuerte defensa (o ataque). También es asunto de oportunidad: "cuándo" atacar.

En este caso, el Caballo Negro no atacó sino hasta que la

Torre quedó colocada en posición. Luego hizo el ataque con dos piezas al mismo tiempo.

Nuestro Peón fue capturado aun cuando estaba defendido y al mismo tiempo se le dio jaque al Rey; la Dama también quedó amenazada por la Torre. ¡Y todo esto sucedió con un sólo movimiento del Caballo!

¡Claro que había que ceder algo! El Rey tenía que ser salvado y la Dama se perdió.

Desde luego esto no representa el final de la partida, pero sin embargo, fue un golpe demoledor. Recuerda que para que tenga éxito un ataque debe tener la fuerza adecuada, y recuerda también ¡VIGILAR TODO EL TABLERO!

Nuevamente
la guerra relámpago

Ahora ya hemos jugado una partida completa y ya hemos aprendido un poco sobre la forma de principiarla (aquellos importantísimos cuatro cuadros centrales). Hemos aprendido un poco más sobre el ataque y la defensa. Entonces, vamos a jugar otra partida y veremos lo que hemos adelantado.

Ya hemos visto lo rápidamente que puede ganarse una partida. Entonces intentemos nuevamente la guerra relámpago. ¿Por qué no?

Sin embargo, en esta ocasión, supondremos que estamos jugando con alguien que tiene más experiencia.

Nosotros principiamos (las Blancas) y encontramos que cada una de nuestras jugadas encuentra la misma defensa. Haz que el tablero adquiera exactamente el aspecto que se ve en la Página 87.

Esto ahora está resultando interesante y esperamos ansiosamente que las Negras caigan en la misma trampa fatal.

¿Sucederá? Esperemos.

Sin embargo, las Negras salen con su *otro* Caballo (ver Página 88) ¡bloqueando el ataque de la Dama! Ahora, ¿qué haremos?

Parece evidente que el ataque de la Dama ha sido detenido y depués de pensarlo un poco decidimos sacar un Peón para defender a nuestro Alfil y al Peón (una jugada cautelosa).

También las Negras parecen proceder con cautela cuando sacan un Peón.

No sabiendo qué hacer, hacemos entonces otra jugada cautelosa. En este punto, algo que no podemos ver ha pasado de nosotros al enemigo. A este algo se le llama "iniciativa".

Nosotros llevamos la iniciativa durante toda la partida anterior y ganamos, porque en todo momento sabíamos exactamente qué hacer.

Aquí estamos inciertos y tan pronto como el enemigo se da cuenta de esto, ¡cuidado!

No hay duda que ahora sabemos lo que es caminar en un pantano o entre la niebla. No se puede uno mover muy aprisa, ¿verdad?

Y cuando esto acontece durante un ataque en una batalla (literalmente, cuando el ataque "afloja") ¡es el momento ideal para que el enemigo ataque!

Después de nuestro segundo movimiento indeciso, atacan las Negras. *¡Contraatacan!*

Las Negras salen con un Peón haciéndolo avanzar dos cuadros, ¡atacando simultáneamente *tanto a nuestro Peón como a nuestro Alfil!* (A un movimiento como éste, que amenaza a dos piezas, se le llama horquilla.) Observemos también que el Peón está defendido de tres maneras (Peón, Caballo y Dama).

El Alfil no puede escapar, de manera que *tenemos* que eliminar al Peón Negro.

Es obvio que la mejor forma de eliminar a ese molesto Peón Negro es capturarlo con nuestro Peón, como se muestra arriba, y esperar la respuesta de las Negras.

Observa que aun cuando hemos capturado a una de las piezas Negras (el Peón), ya no tenemos la iniciativa. Estamos esperando ver cuáles son los planes del enemigo.

Y por supuesto, mientras más astuto sea el enemigo, es menos probable que podamos anticiparnos a su estrategia.

El intercambio de Peones mantendría el equilibrio de las fuerzas, pero si pudiéramos sacrificar a un Peón para capturar a un Caballo o a un Alfil —sin poner en peligro nuestra posición— tomaríamos la delantera en fuerza y poder.

Aquí, *las Negras* (el jugador experto) *¡hacen lo inesperado!* En vez de capturar a nuestro Peón con el suyo, abren una zona de batalla completamente nueva ¡amenazando a nuestra Dama con su Alfil! ¡Nuestra Dama sólo cuenta con un cuadro seguro en donde refugiarse! Cada uno de los otros cuadros está controlado por una pieza Negra y el Alfil atacante está protegido por un Caballo.

No hay otra alternativa. *¡Nuestra Dama debe regresar a su posición!*

Es evidente que la presión está sobre nosotros y, sin disminuirla, las Negras ahora colocan a su Rey en una posición más segura y, al mismo tiempo, ponen en juego otra de sus piezas fuertes.

Esto se logra con el enroque, como se muestra.

Todavía estamos preocupados por nuestra Dama, y nos gustaría mucho poder evacuarla. Y de pronto, ¡descubrimos a un Peón indefenso!

Probablemente esta sea nuestra equivocación más seria desde el fracaso de nuestra guerra relámpago. ¡Las Negras se limitan a mover su Torre a la columna de nuestra Dama!

Ahora sí estamos en verdaderas dificultades, ¡la Dama no puede escapar porque deja al Rey al descubierto! (Y entonces terminaría la partida.) Por lo que nos vemos obligados a capturar a la Torre Negra.

Cuando capturamos la Torre Negra ¡también damos jaque al Rey Negro! Pero este momento de gloria puede ser de corta vida.

Observemos que hemos capturado *tres piezas Negras* sin sufrir *pérdida*.

La Dama Negra captura a nuestra Dama Blanca y da jaque a nuestro Rey.

Nuestro Rey puede *moverse para librarse del jaque* o debe *bloquearse el ataque.* Tenemos varias selecciones. Pero recordemos: *una decisión equivocada en el ajedrez* (o en una batalla) *puede ser fatal.* Por lo general no se cuenta con una segunda oportunidad.

Por ejemplo: supongamos que decidimos proteger a nuestro Rey bloqueando la amenaza con el Caballo.

¿Será ésta la defensa adecuada? Veamos.

Desafortunadamente no es así, ¡porque el ataque de la Dama Negra está apoyado por su Alfil!

¡"Jaque mate" y terminó la partida!

Observa que desde que principió el contraataque (Página 106), las Negras no dejaron de ejercer presión atacando y bloqueando constantemente, para que no se usaran las piezas fuertes de las Blancas para otra cosa que no fuera la defensa del Rey. Luego vino la equivocación fatal y ¡todo terminó!

Como ejercicio, regresemos a la Página 114, colocando las piezas en el tablero exactamente como estaban en el momento del jaque de la Dama Negra.

Sin embargo, en esta ocasión, bloquearemos el jaque de la Dama con nuestro Alfil (en vez de con el Caballo), y veremos lo bien que nos podremos defender y prolongar la batalla.

Esta fue una partida más larga que nuestra guerra relámpago (Página 83) ¡y también perdimos! Pero, no obstante, fue divertido y aprendimos unas cuantas tácticas sorpresivas.

Siempre es útil analizar nuestras equivocaciones, aun cuando carezcan de importancia. Pero recordemos que en el ajedrez, las equivocaciones siempre duelen.

Cómo
terminar el juego

Para finalizar una partida debe ser puesto en jaque el Rey enemigo (en otras palabras, debe ser atacado).

He aquí algunas indicaciones sobre la forma en que se puede lograr esto.

1. *Estudia la posición del Rey* y busca la **casilla clave**. La **casilla clave** es el punto débil en la defensa del Rey. (En ocasiones hay más de una casilla clave.)

En este caso, la casilla clave sería la que está ocupada por este Peón. ¿Comprendes por qué?

Respuesta: Todas las demás piezas están protegidas (o no están comprometidas en la defensa del Rey). *Este Peón en particular* está protegido solamente por el Rey.

Si las piezas Negras estuvieran colocadas en esta forma, ésta podría ser la casilla clave para que la ocuparan las Blancas.

Aquí el Rey Negro está atrapado entre sus propias piezas. (Se encuentran estorbándole el camino y no puede escapar.)

Aquí también le falta protección a la casilla clave, de manera que si la Dama Blanca o la Torre pudieran ser colocadas en esa casilla, habría necesariamente un "jaque mate".

2. Una vez que se haya decidido sobre dónde se encuentra la casilla clave, ¡duro con ella, con toda la fuerza posible!

La casilla clave no siempre se encuentra cerca del Rey (como en la ilustración de arriba). En consecuencia, el enemigo no ve el peligro para su Rey sino hasta que es demasiado tarde.

3. Por lo general es mejor colocar la pieza más fuerte en esa casilla *(de preferencia a la Dama).*

4. Sin embargo, cerciórate que esté adecuadamente protegida antes de atacar. Esa casilla puede ser protegida por varias piezas, entre más, mejor, ya que en ocasiones el jaque no es suficiente. (El enemigo puede escapar.) Mientras más fuerzas puedas reunir para sostener una *zona clave,* más rápidamente concluirá la partida.

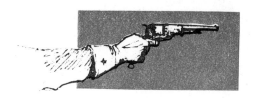

El hallazgo de esta casilla clave viene gradualmente de estar *completamente familiarizado* con la forma en que se mueve cada pieza.

En este momento no es posible distinguirla. Sin embargo, al jugar cada vez más partidas de ajedrez te resultará más fácil encontrarla. También es un entrenamiento excelente si en realidad deseas dominar el juego.

Existen muchas formas de terminar una partida. En ocasiones tu oponente hace algo estúpido —una descuidada equivocación— y debes ser rápido para aprovechar plenamente su error. (Nuevamente, esto viene de *una completa familiarización* con la forma en que cada pieza se mueve.) Recuerda que en el ajedrez no existe ni la suerte ni la piedad.

Repitiendo: La mejor forma de concluir una partida

(después de los primeros movimientos de apertura) es:

1. Estudiar la posición del Rey en el tablero.

2. Decidir cuál es la casilla clave.

3. Principiar a ejercer presión con varias piezas sobre esa zona. Esta presión (y la contrapresión de parte del enemigo) se forma lentamente. Por lo general se le llama la *mitad* del juego, en el ajedrez.

4. Finalmente, ¡ataca esa casilla débil con tu pieza más poderosa (con la Dama si es posible)!

5. Una vez iniciado el ataque, mantén en jaque al Rey en cada jugada, hasta que al fin no haya ningún sitio para que él se oculte.

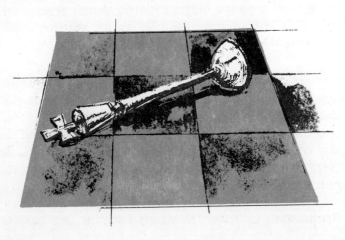

Algunas reflexiones ocasionales

Ahora has aprendido el juego del ajedrez. Por cierto, no eres un gran jugador, pero ¿cuántas caídas sufriste al empezar a caminar o qué tan bien nadabas hace un año? ¿Qué tal bateabas? Todo esto tiene que ser aprendido. Sucede lo mismo con el ajedrez.

Sin embargo, ahora que has aprendido el juego, debes estar muy satisfecho por haberlo logrado y, por lo tanto, *¡debes sentirte orgulloso!*

Pero no todo el mundo puede jugar. Algunos se confunden o se aburren (dependiendo de sus temperamentos) o se desesperan. El ajedrez es excitante cuando se principia el ataque, o cuando la defensa es exasperantemente firme. ¿No es así?

Puedes jugar y disfrutar del ajedrez toda tu vida. (Es como la natación, nunca se olvida la forma de nadar.) La mayoría de las personas que juegan el ajedrez ya son creciditas. (¡Y es sensacional cuando, al jugar con ellas, las derrotas!).

Ven. . . ¡Te juego una partida!

Esta edición se imprimió en Agosto de 2003. Impresos
Editoriales Agapando No 91 México, D. F. 04890